Evangelho Baby

Evangelio Baby   Gospel Baby

Luis Hu Rivas

🇧🇷 Em uma linda manhã, os bichinhos da Selva Encantada saíram para brincar.
— Uuu, aaa! — falaram os macaquinhos.
— É muito divertido pular nas árvores.

🇪🇸 En una hermosa mañana, los animalitos de la Selva Encantada salieron a jugar.
—¡Whoa Whoa! —dijeron los monitos.
—Es muy divertido saltar en los árboles.

🇺🇸 On a beautiful morning, the animals from the Enchanted Jungle came out to play.
"Screech, screech!" said the little monkeys.
"It's a lot of fun jumping in the trees."

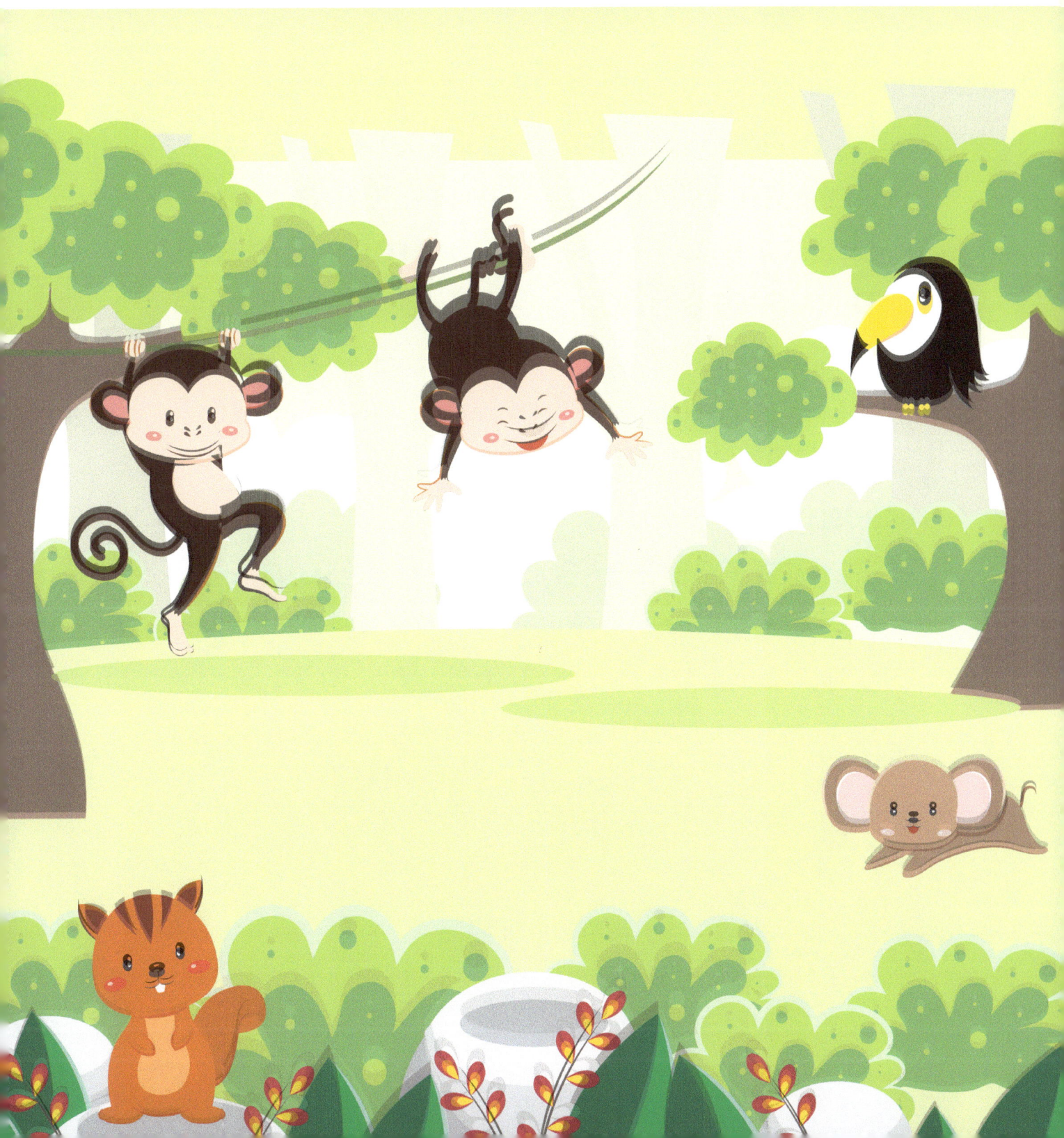

🇧🇷 – Ei, amigos! Cuidado! Parece que o leão está vindo – avisou a zebra.
– Ui! Melhor nos escondermos! – disse o porco-espinho.

🇪🇸 –¡Hola amigos! ¡Cuidado! Parece que viene el león –advirtió la cebra.
–¡Sim! ¡Será mejor que nos escondamos! –dijo el puercoespín.

🇺🇸 "Hey, friends! Watch out! It looks like the lion is coming," warned the zebra.
"Wow! We better hide!" said the porcupine.

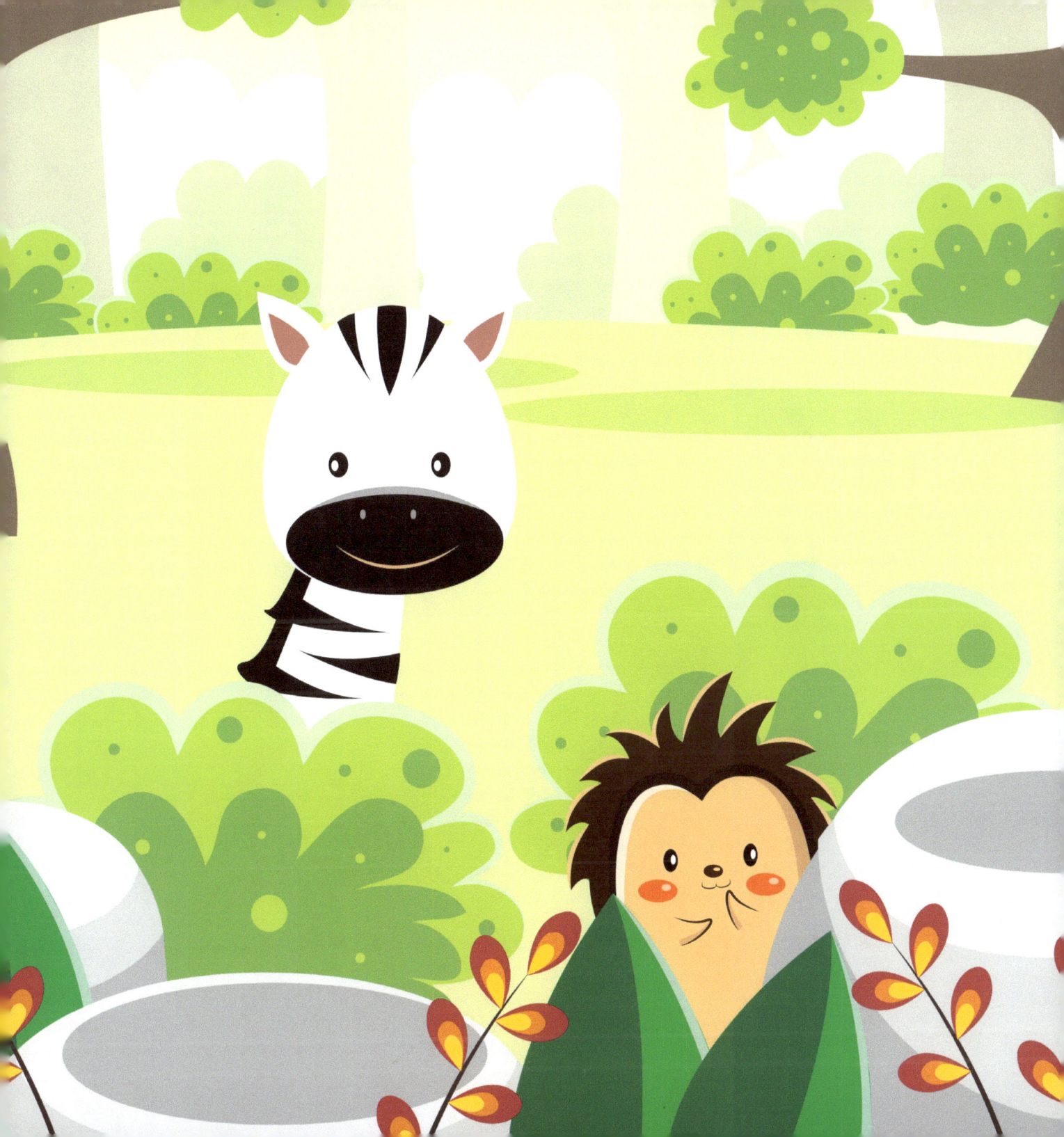

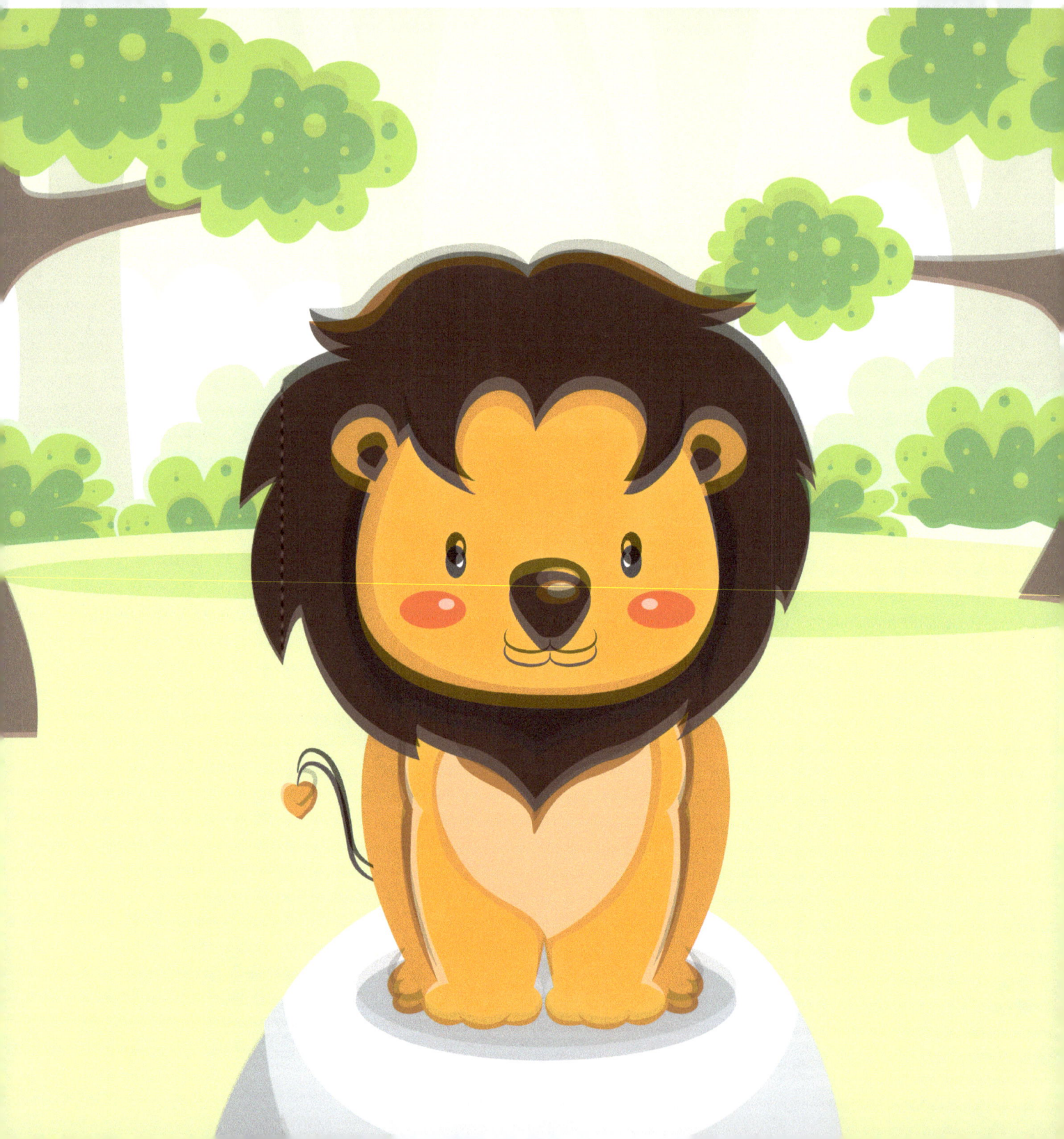

🇧🇷 = Oi, pessoal! Não há nada a temer, eu só quero ser amigo de vocês = disse o leão. = Sou um leão bonzinho que aprendeu a cuidar de todos os bichinhos.

🇪🇸 –¡Hola, chicos! No teman, solo quiero ser su amigo –dijo el león.– Soy un león bondadoso que aprendió a cuidar de todos los animalitos.

🇺🇸 "Hey, guys! There's nothing to fear; I only want to be friends with you," said the lion. "I'm a good-natured lion who learned to take care of all the little animals."

🇧🇷 – Leão bonzinho? Mas os leões vivem nos assustando – falou a girafa.
– É verdade que quer ser nosso amigo? – perguntou a onça.
– Sim! – respondeu o leão.

🇪🇸 –¿León bondadoso? Pero los leones siempre nos están asustando –dijo la jirafa.
–¿Es verdad que quieres ser nuestro amigo? –preguntó el jaguar.
–¡Sí! respondió el león.

🇺🇸 "A nice lion? But lions are always scaring us," said the giraffe.
"Is it true that you want to be our friend?" asked the jaguar.
"Yes!" replied the lion.

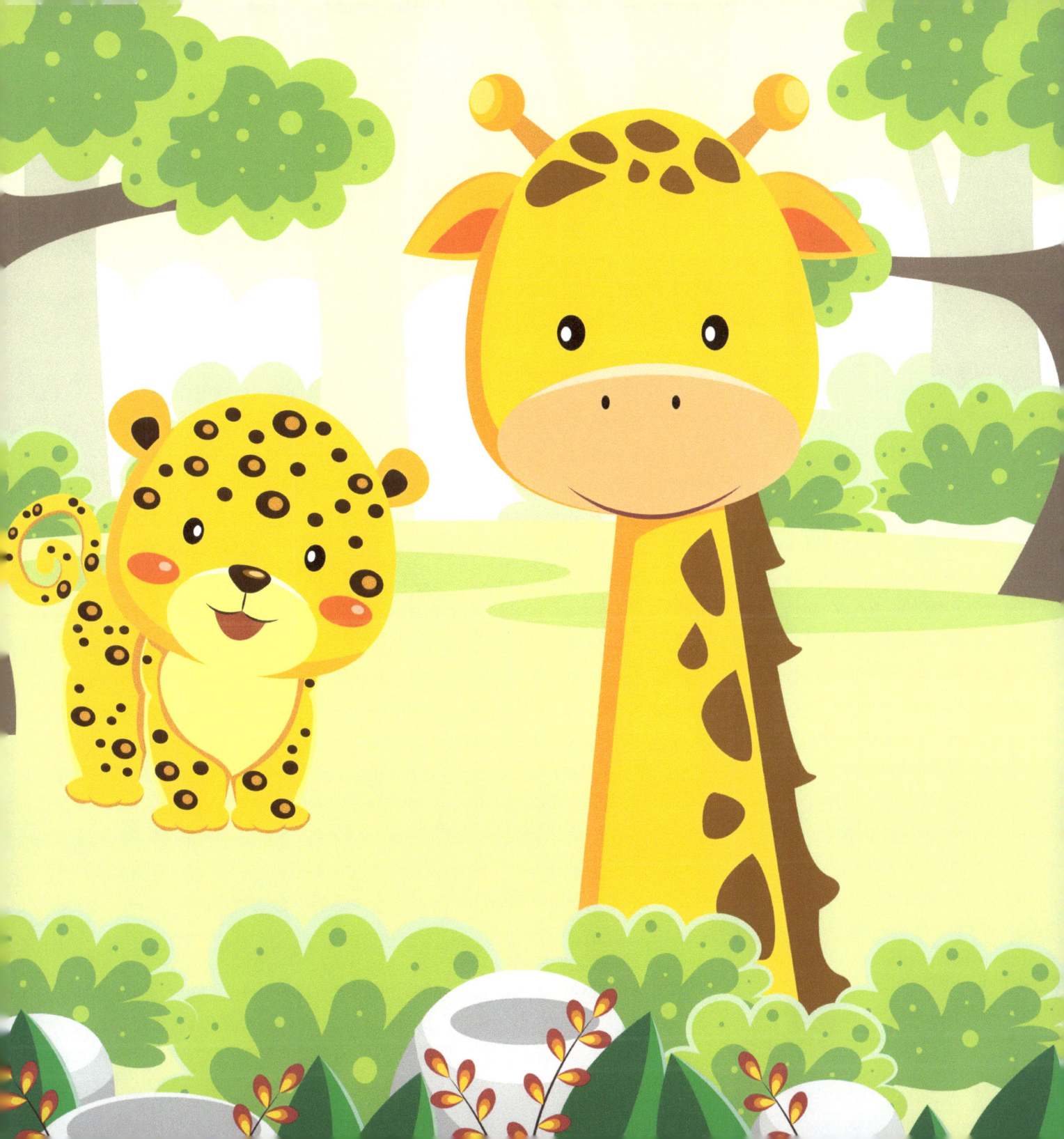

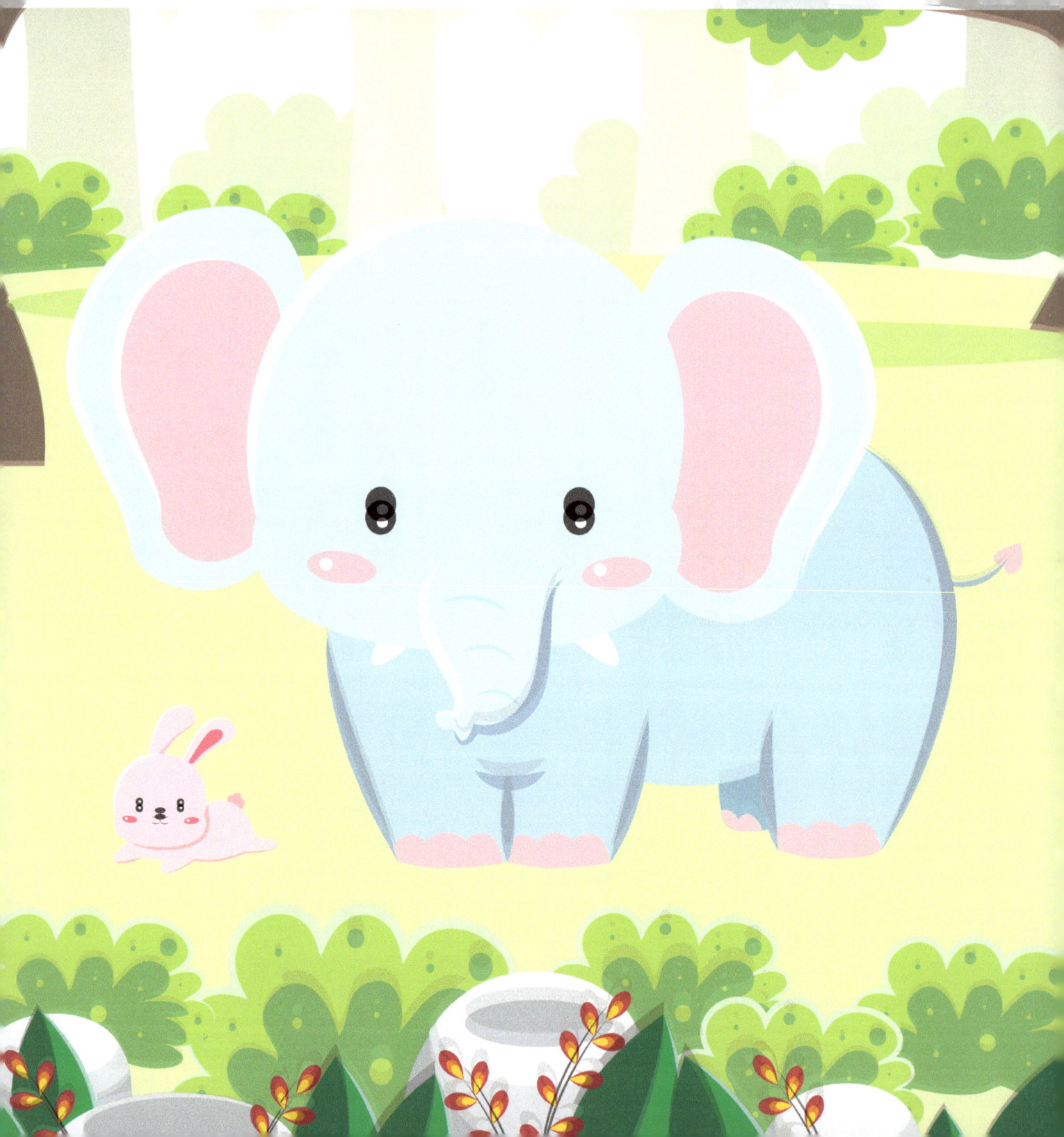

🇧🇷 — Aprendi que todos os bichinhos podem ser amigos, mesmo sendo diferentes: grandes como o elefante ou pequenos como o coelho — falou o leão.

🇪🇸 —Aprendí que todos los animalitos pueden ser amigos, aunque sean diferentes: grandes como el elefante o pequeños como el conejo —dijo el león.

🇺🇸 "I learned that all animals can be friends even if they are different: big as an elephant or small as a rabbit," said the lion.

🇧🇷 – Eu sou fofinho, posso ser seu amigo? – perguntou o urso.
– E eu tenho listrinhas. Posso ser sua amiga? – perguntou a zebra.
– Sim, vamos brincar! – disse o leão.

🇪🇸 –Yo soy rechonchito, ¿puedo ser tu amigo? preguntó el oso.
–Y yo tengo rayas, ¿puedo ser su amiga? – preguntó la cebra.
–¡Sí, vamos a jugar! –dijo el león.

🇺🇸 "I'm cute; can I be your friend?" asked the bear.
"And I have stripes. Can I be your friend?" asked the zebra.
"Yes, let's play!" said the lion.

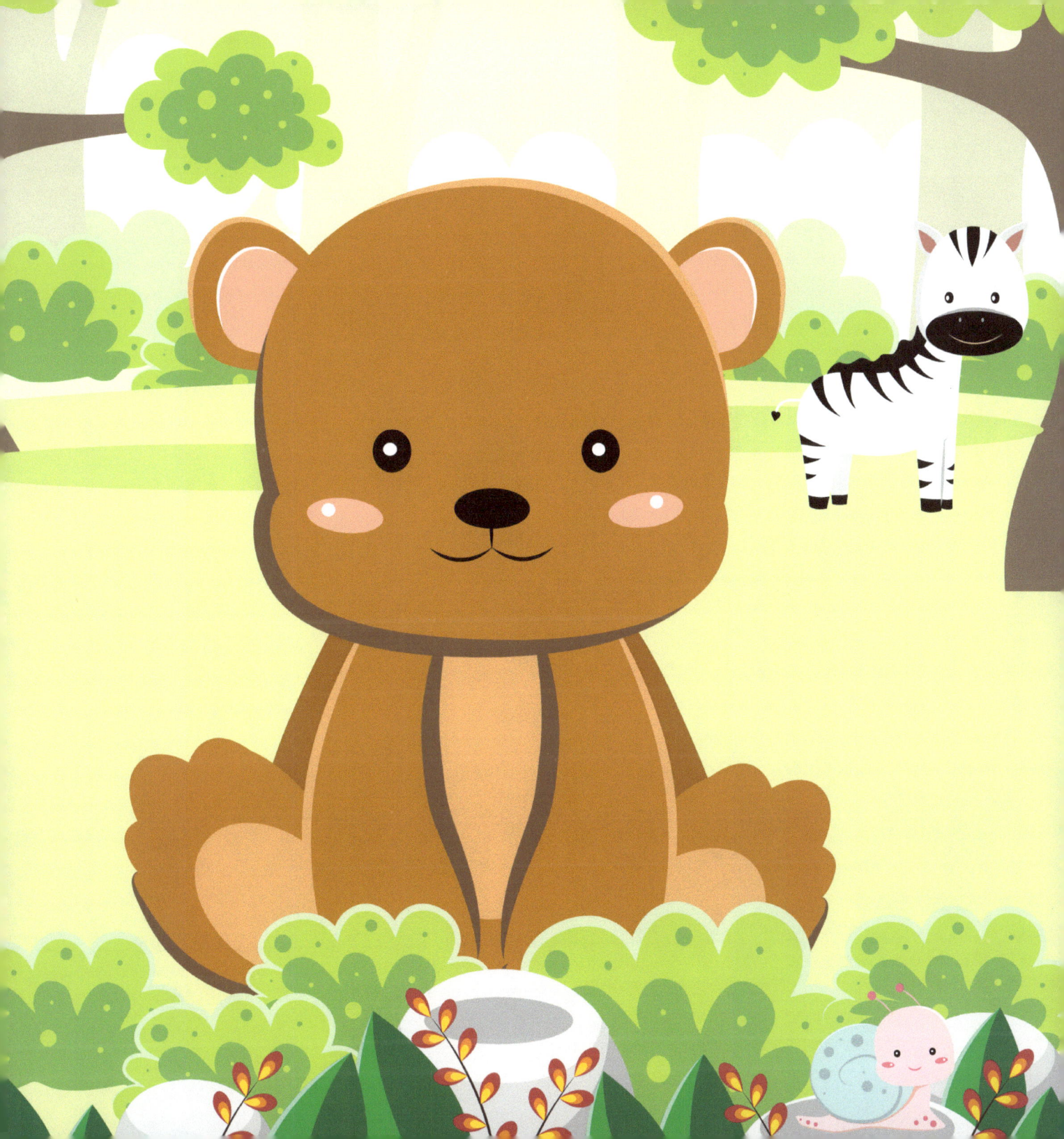

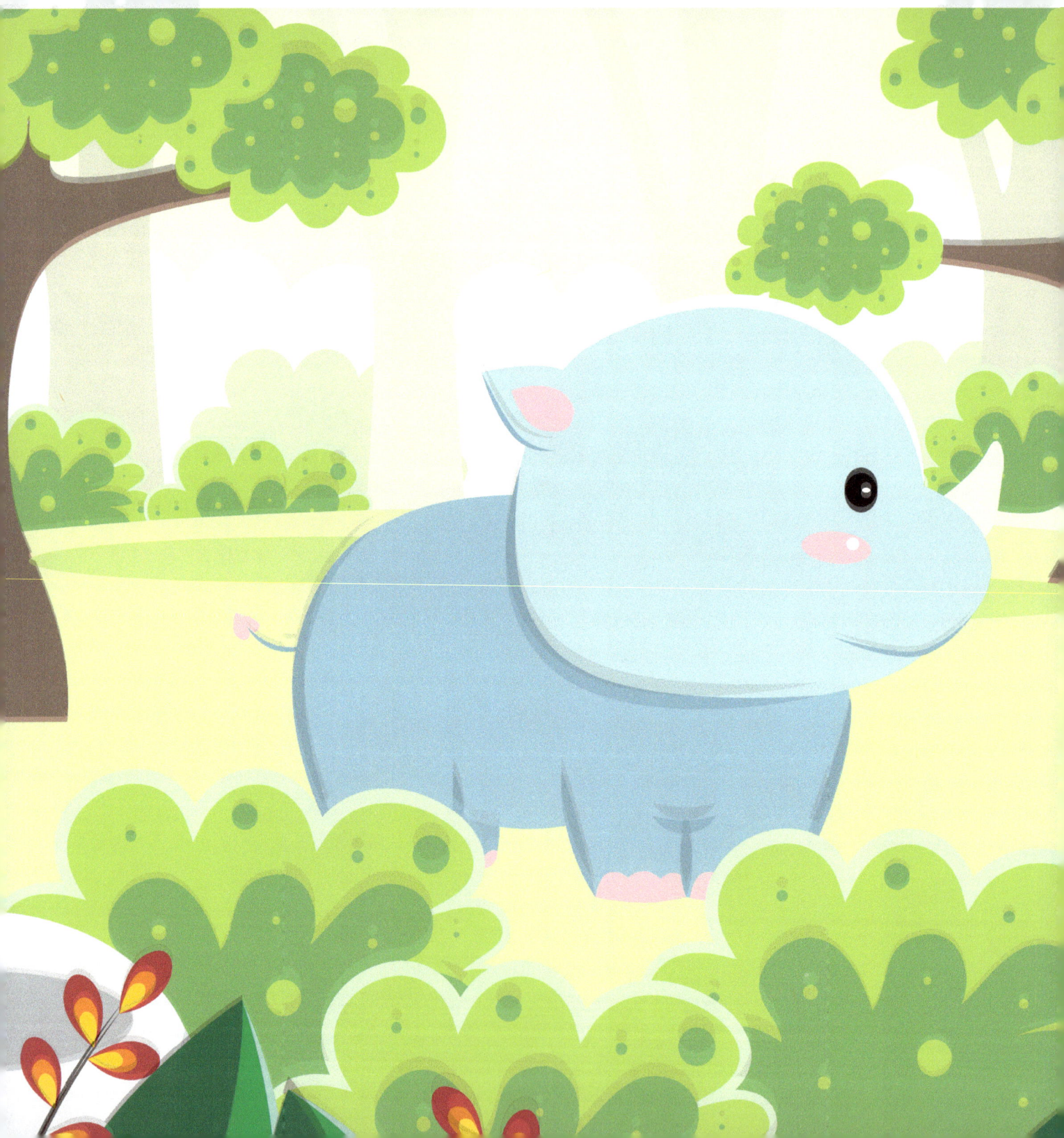

🇧🇷 – E eu tenho chifrinho! Posso ser seu amigo? – perguntou o rinoceronte.
– Sim, claro! – respondeu o leão. – Vamos todos brincar!

🇪🇸 –¡Y yo tengo cuernos! ¿Puedo ser tu amigo? –preguntó el rinoceronte.
–¡Si claro! –respondió el león. –¡Juguemos todos!

🇺🇸 "And I have horns! Can I be your friend?" asked the rhino.
"Yes, of course!" replied the lion.
"Let's all play!"

🇧🇷 – Mas como assim, virou bonzinho? – quis saber o cervo.
– Aprendi com os ensinamentos do Evangelho que devemos nos amar e cuidar uns dos outros – respondeu o leão.

🇪🇸 –Pero, ¿cómo llegaste a ser bueno? – quiso saber el venado.
–Aprendí de las enseñanzas del Evangelio que debemos amarnos y cuidarnos unos a otros –respondió el león.

🇺🇸 "But what do you mean, he became nice?" wanted to know the deer.
"I learned from the teachings of the Gospel that we should love and care for each other," replied the lion.

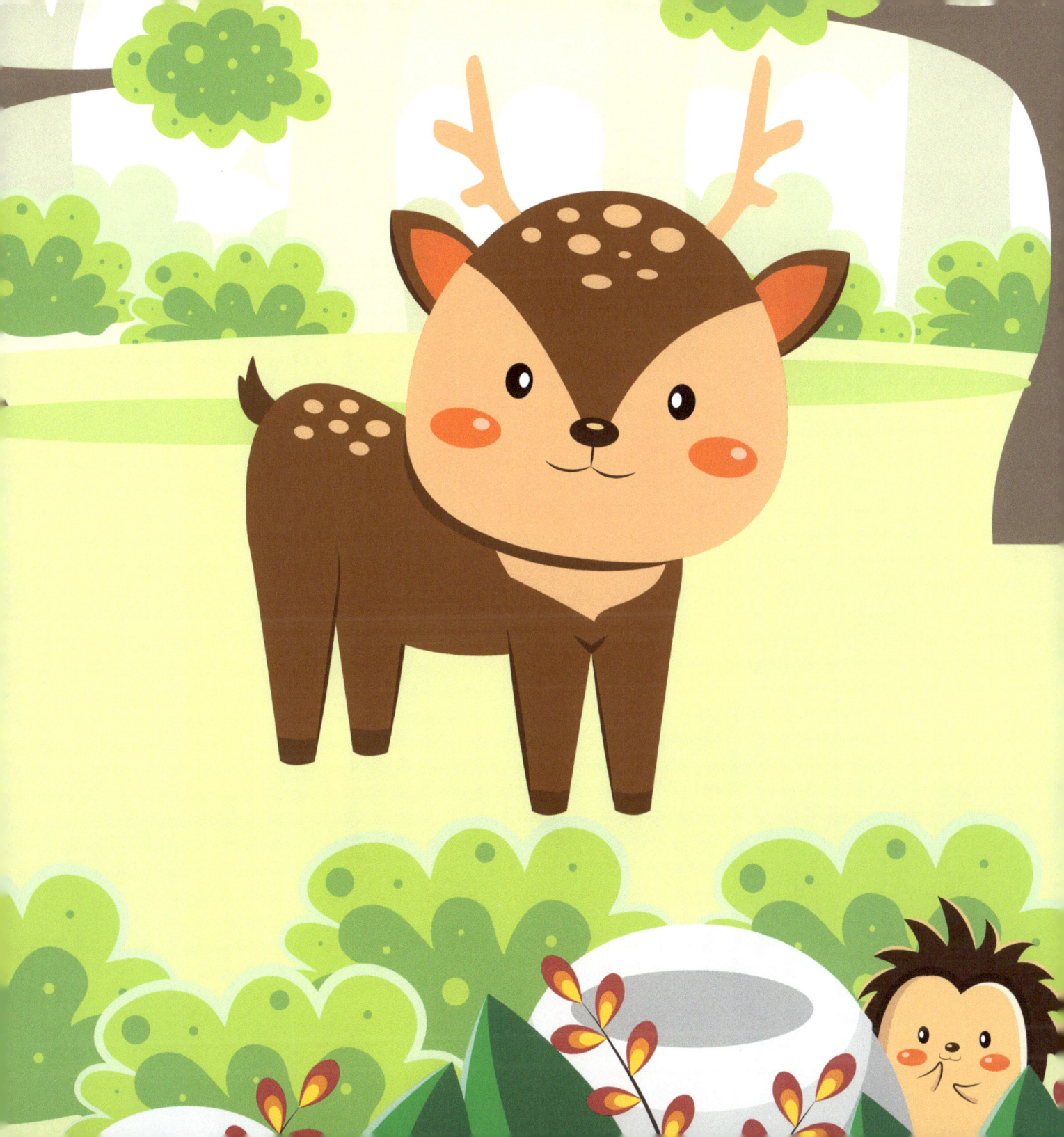

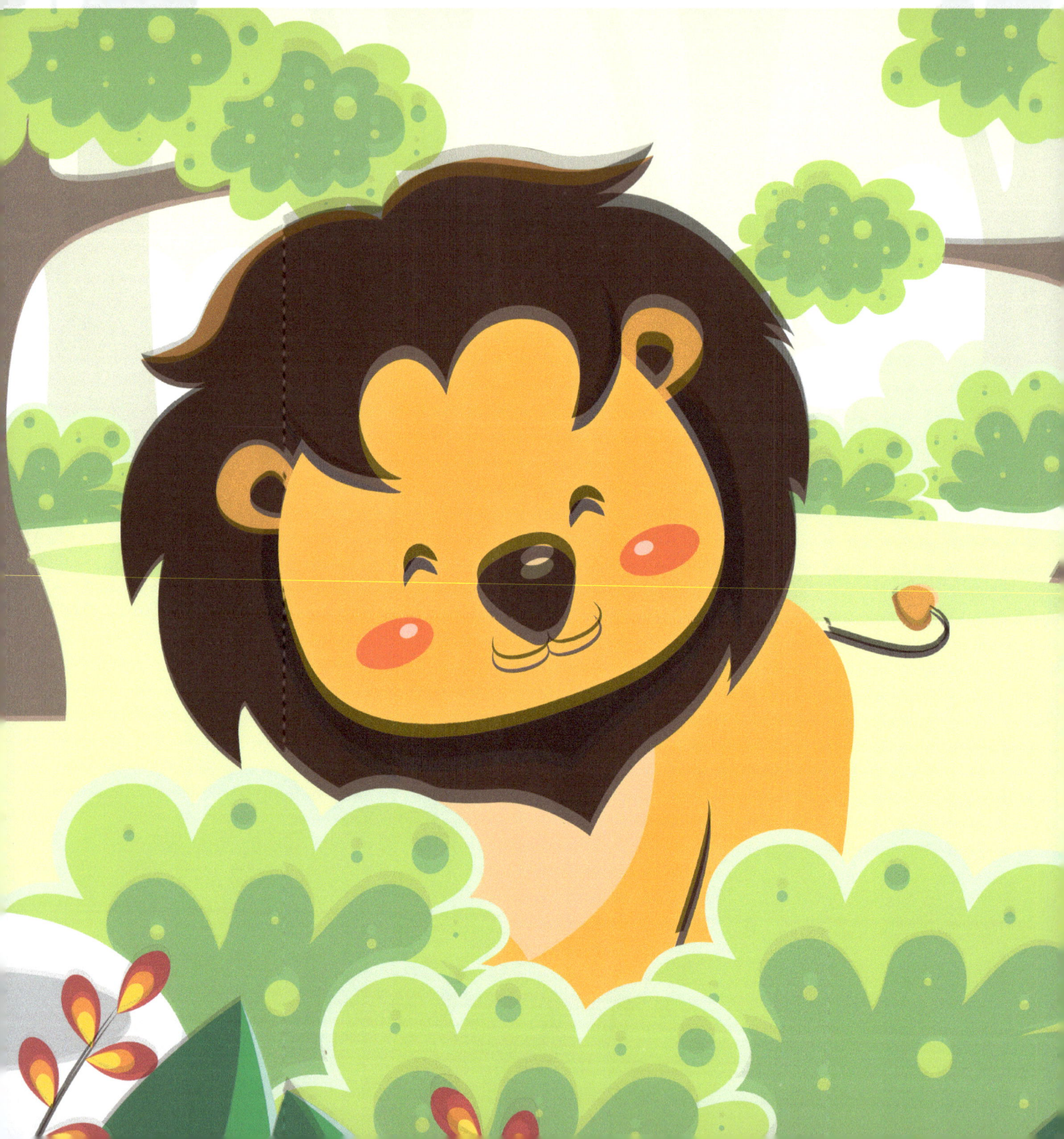

🇧🇷 O leão sorriu e disse:
— Por isso decidi sempre proteger vocês! Quero ser o melhor amigo da selva.

🇪🇸 El león sonrió y dijo:
–¡Por eso decidí protegerlos siempre! Quiero ser el mejor amigo de la selva.

🇺🇸 The lion smiled and said:
"That's why I decided to always protect you! I want to be the jungle's best friend".

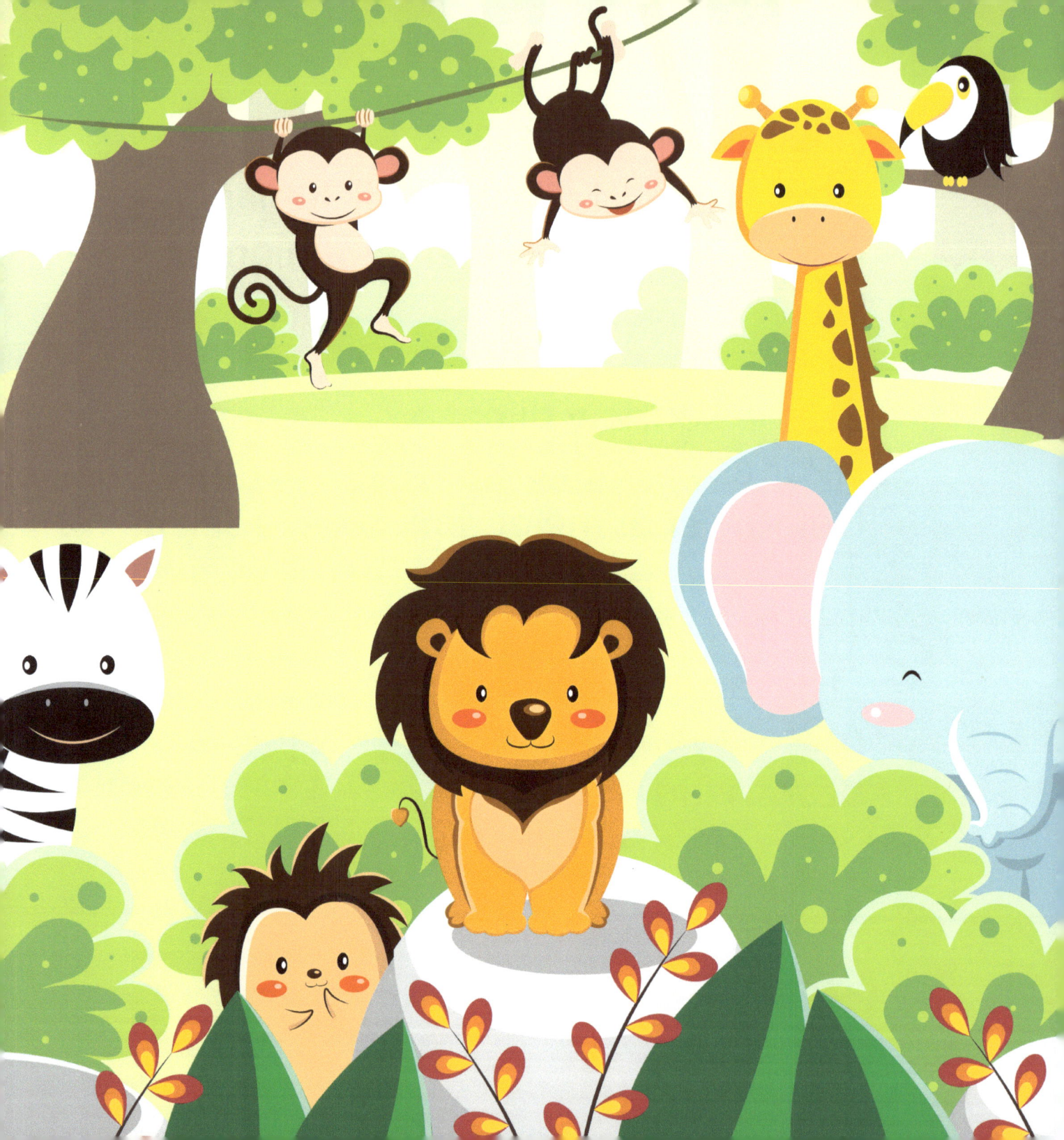

 E assim, após ouvir essas lindas palavras, os bichinhos saíram para brincar.
Sejamos diferentes ou iguais, o amor que o Evangelho nos ensina é para que todos nos amemos e vivamos em paz, felizes para sempre.

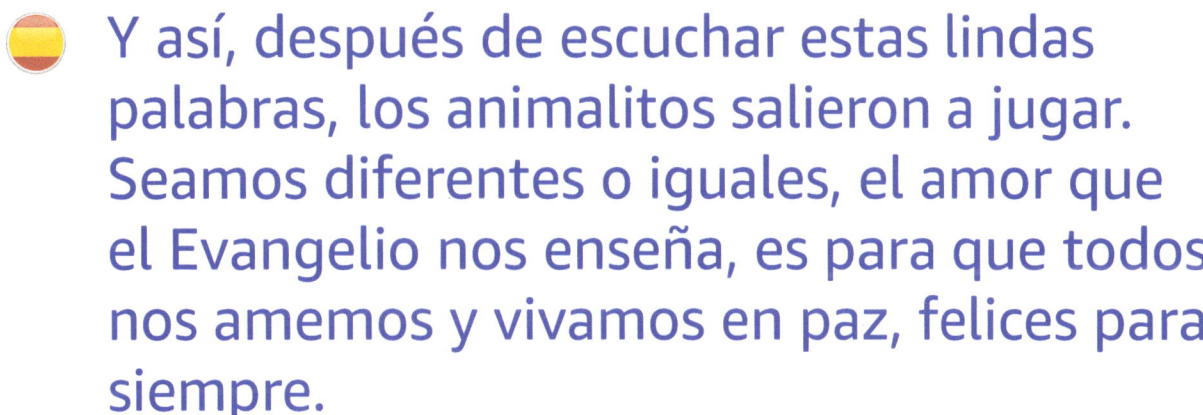 Y así, después de escuchar estas lindas palabras, los animalitos salieron a jugar.
Seamos diferentes o iguales, el amor que el Evangelio nos enseña, es para que todos nos amemos y vivamos en paz, felices para siempre.

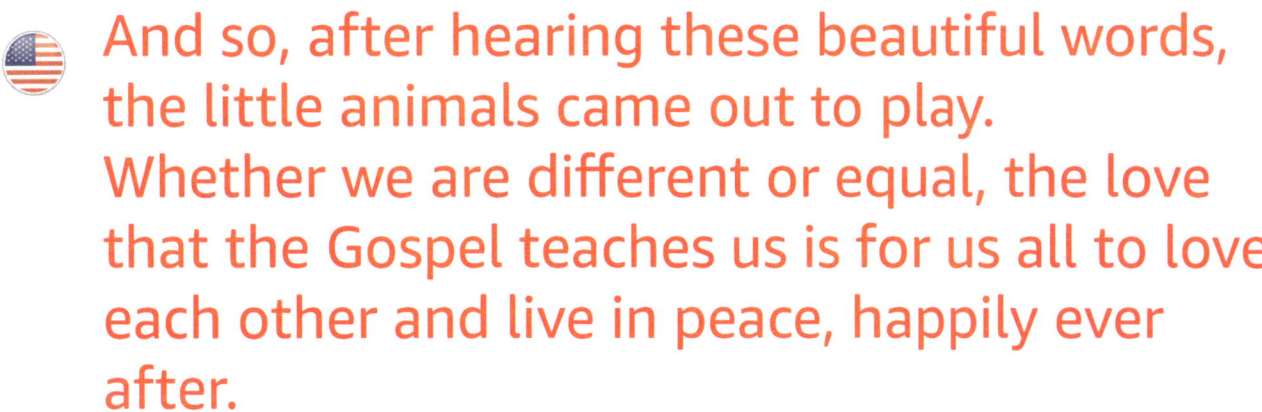 And so, after hearing these beautiful words, the little animals came out to play.
Whether we are different or equal, the love that the Gospel teaches us is for us all to love each other and live in peace, happily ever after.

Colorir = Colorear - Coloring

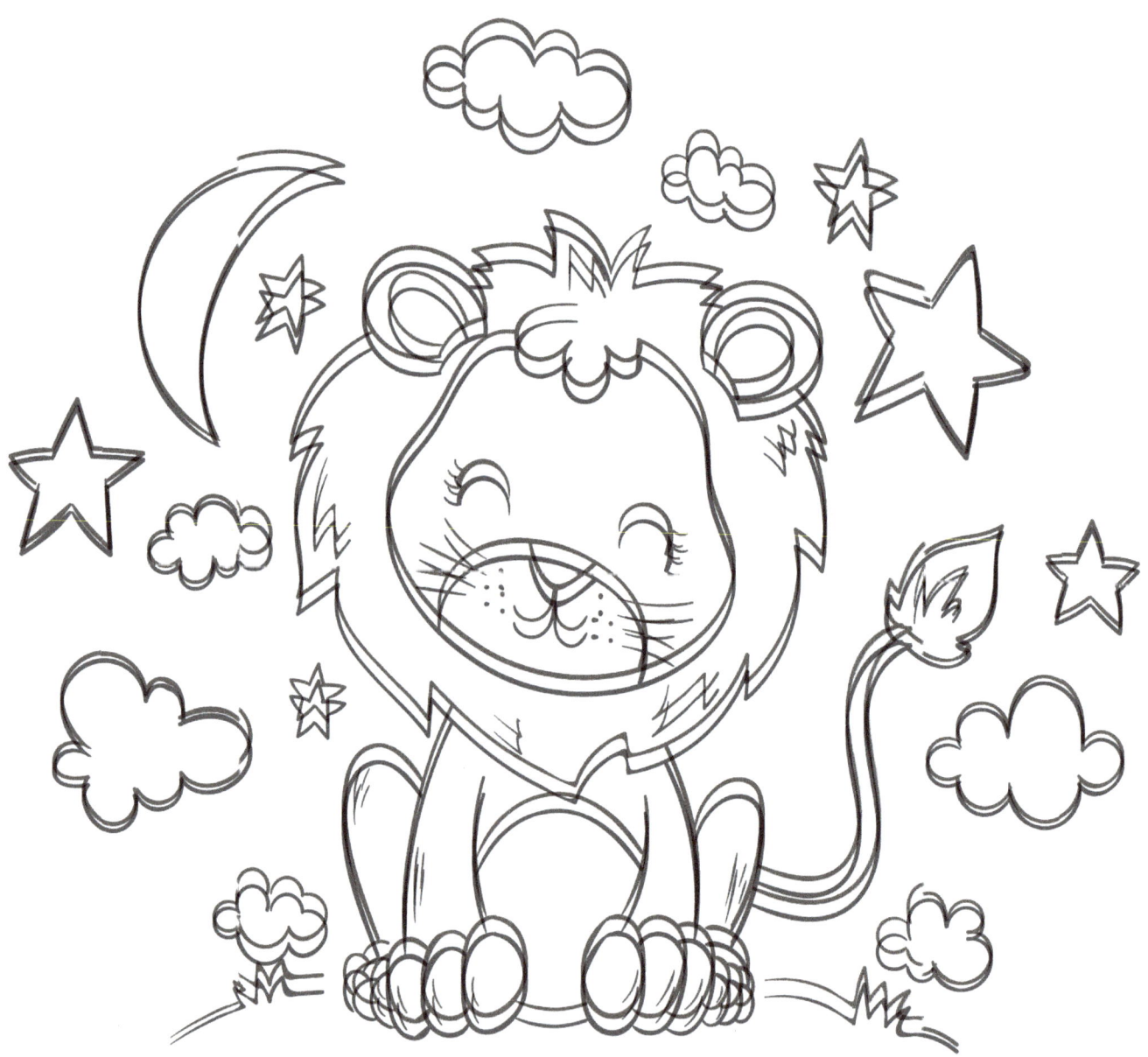

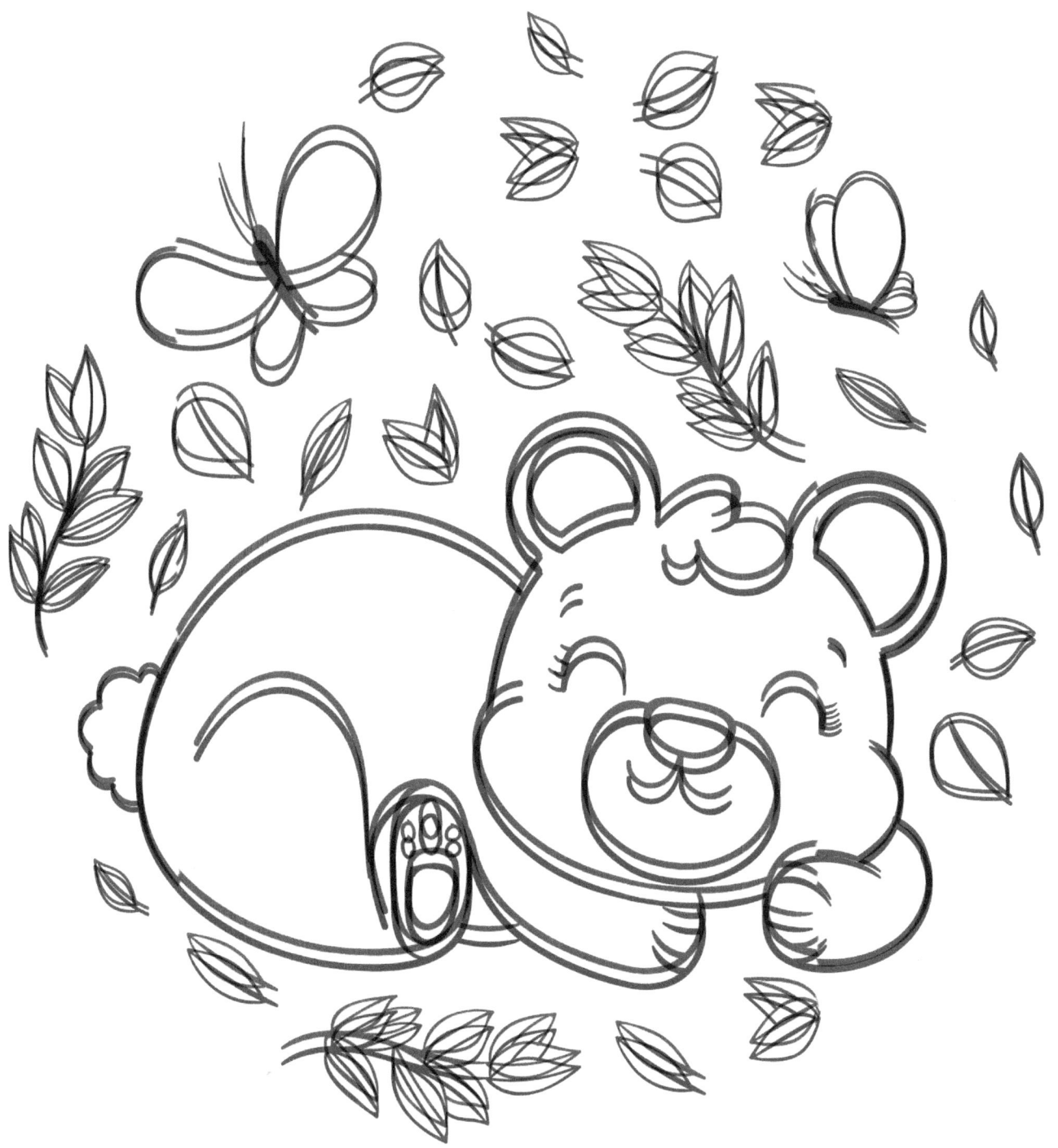

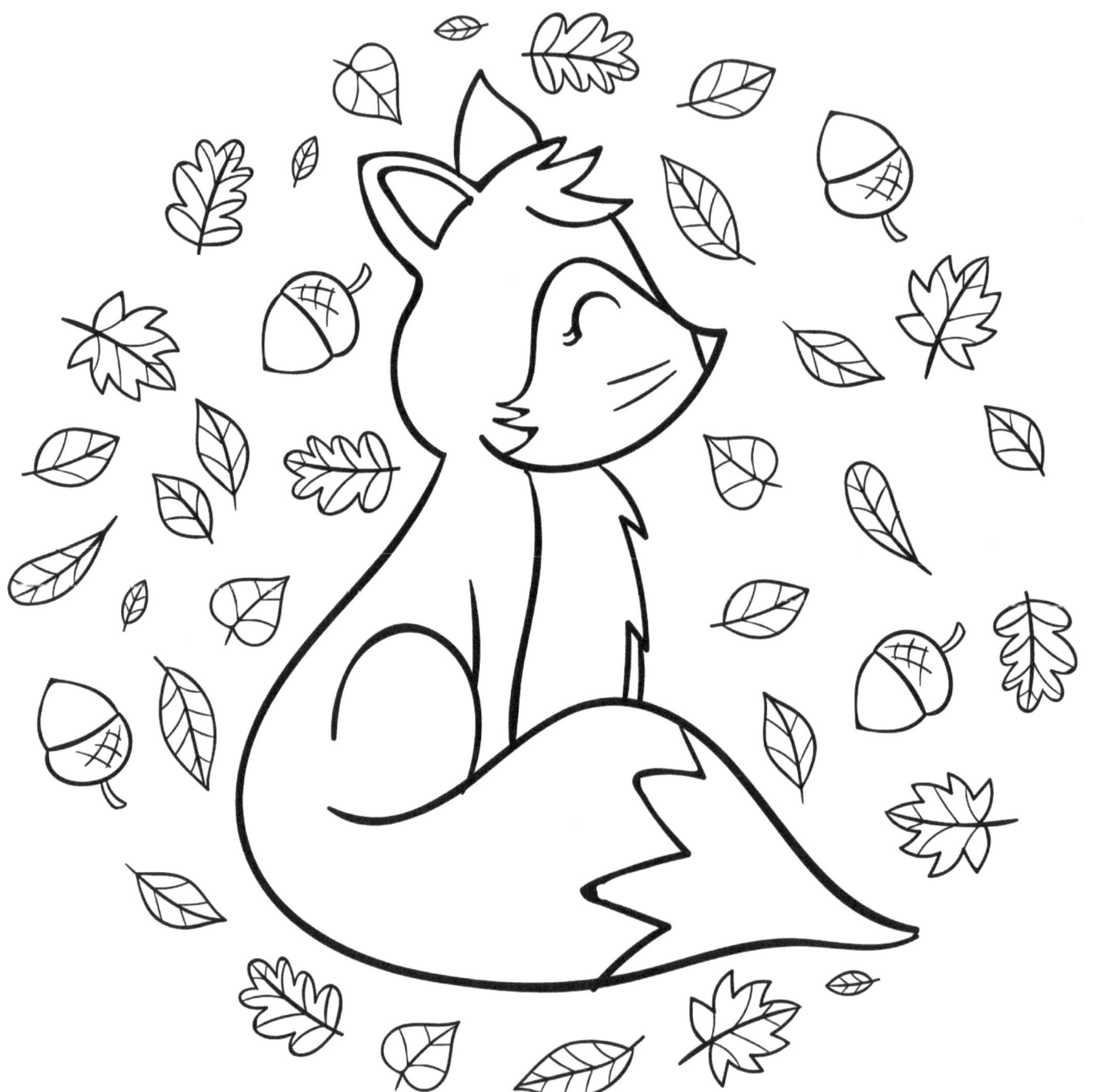

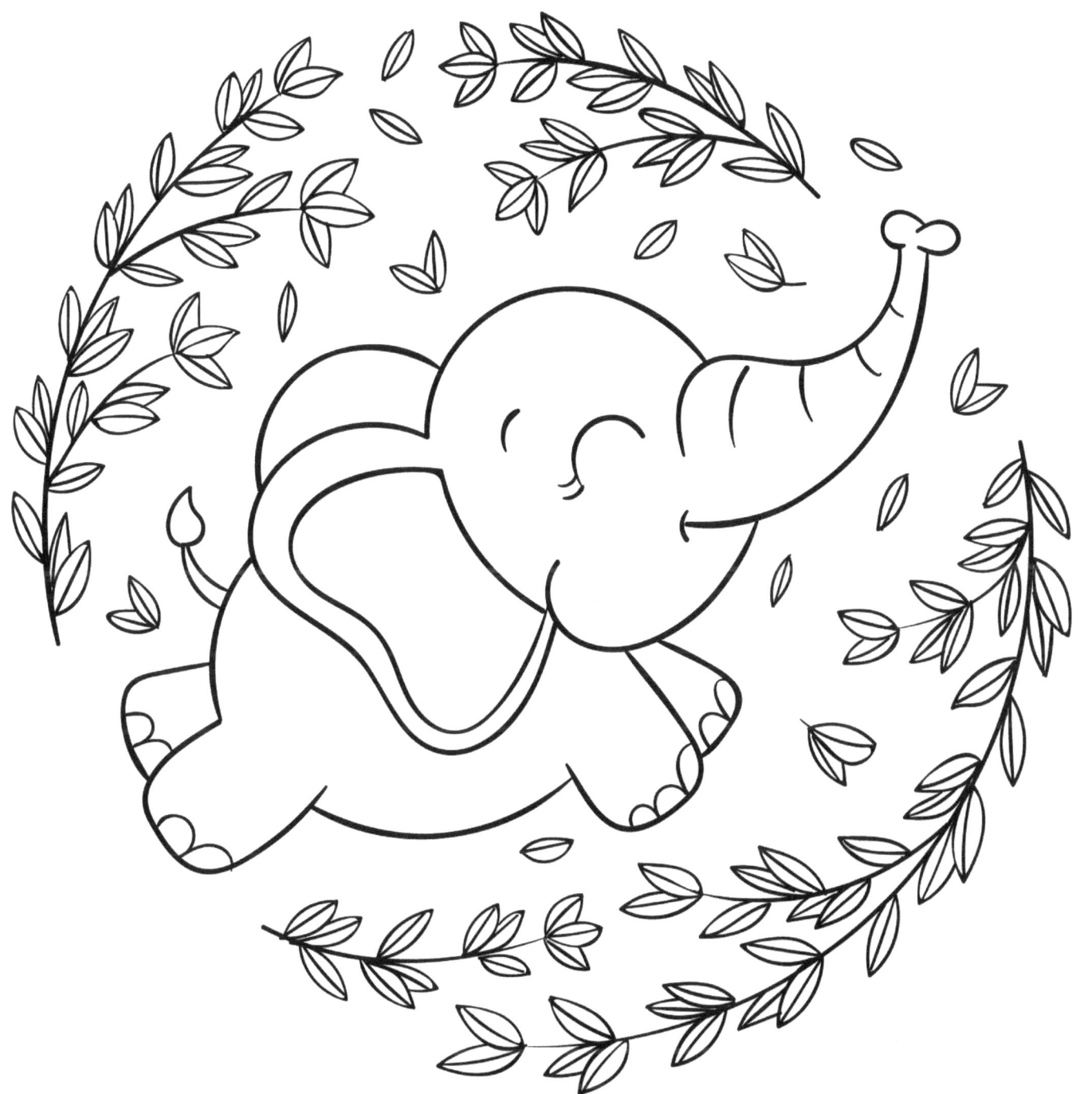

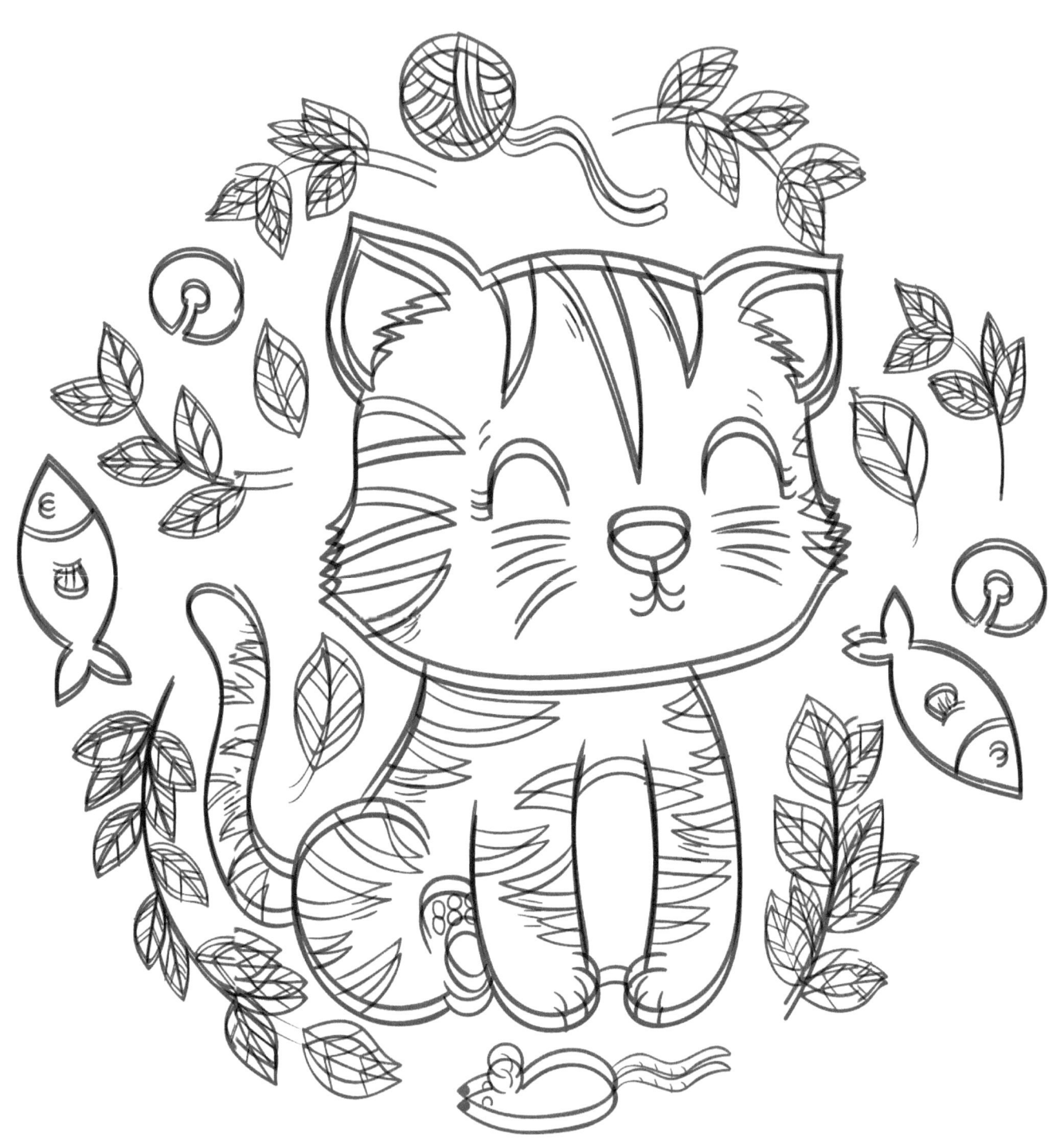

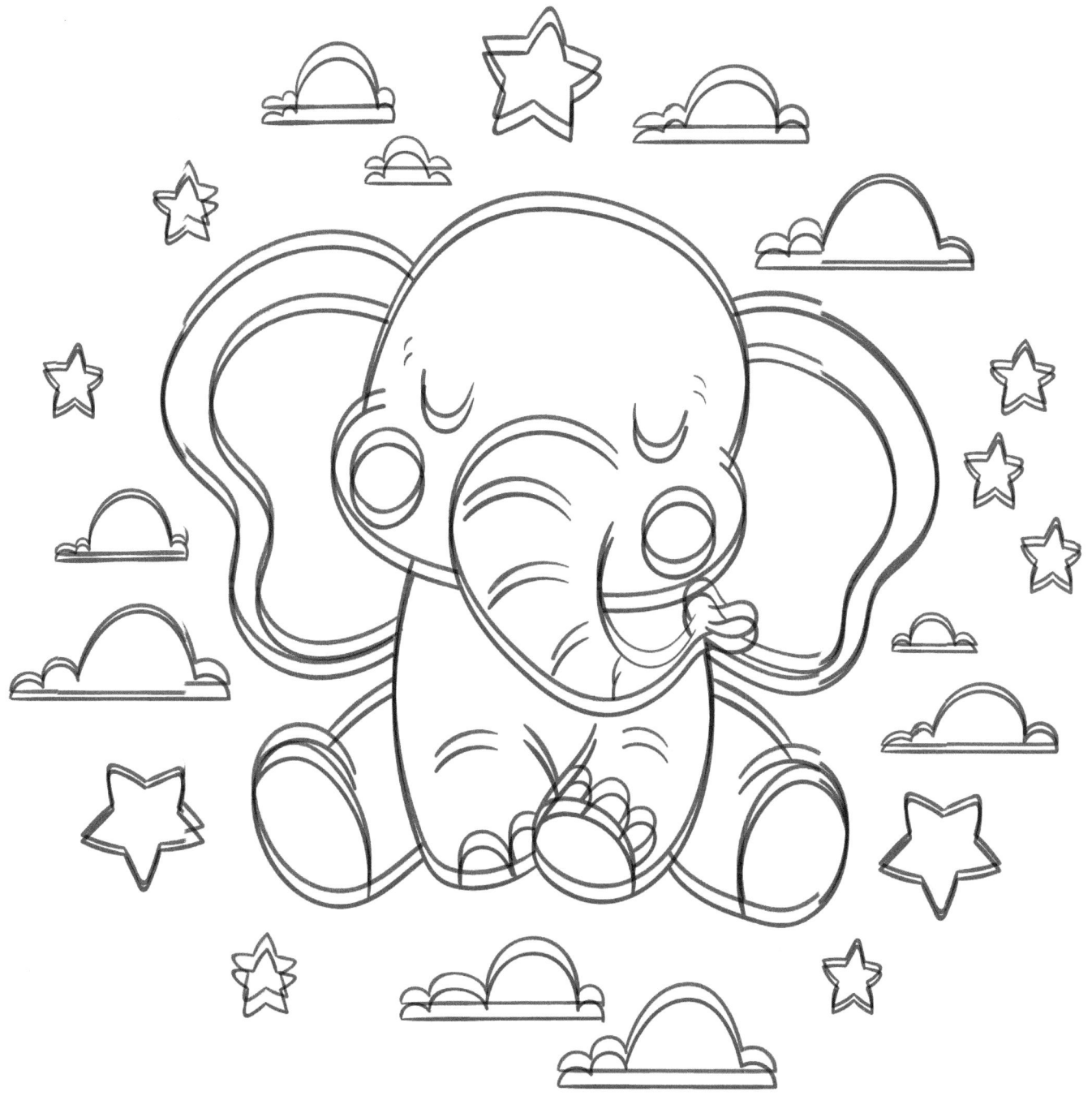

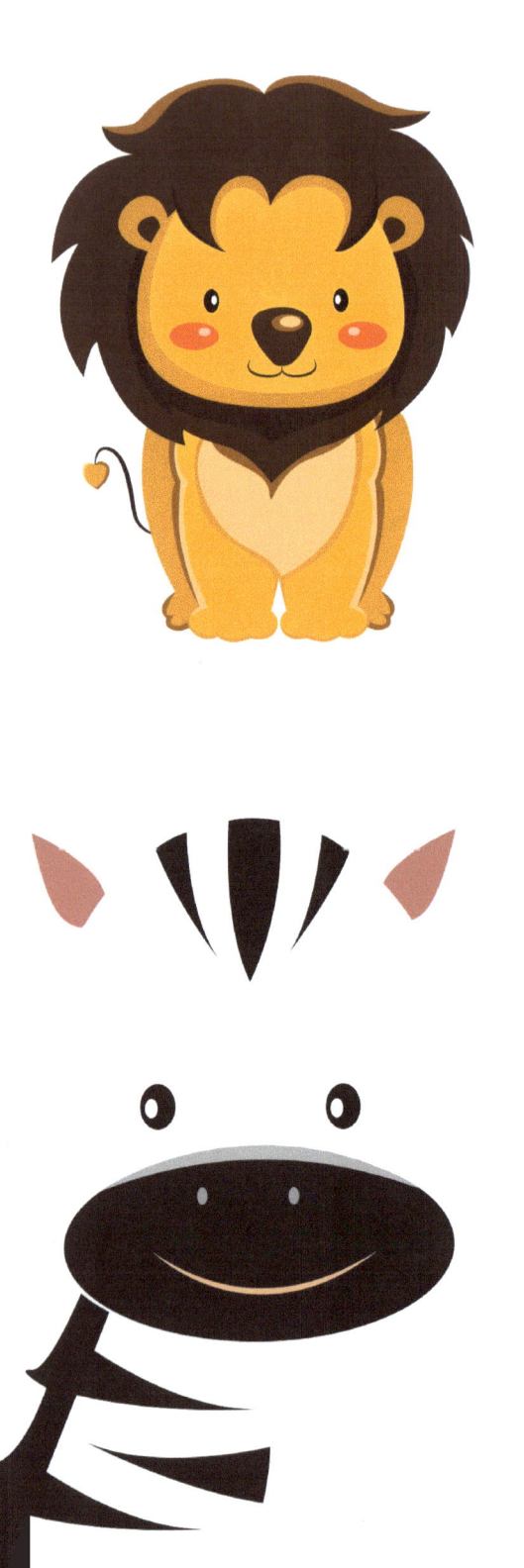

Mais informações sobre o autor:
Más informaciones sobre el autor:
More information about the author:

www.luishu.com

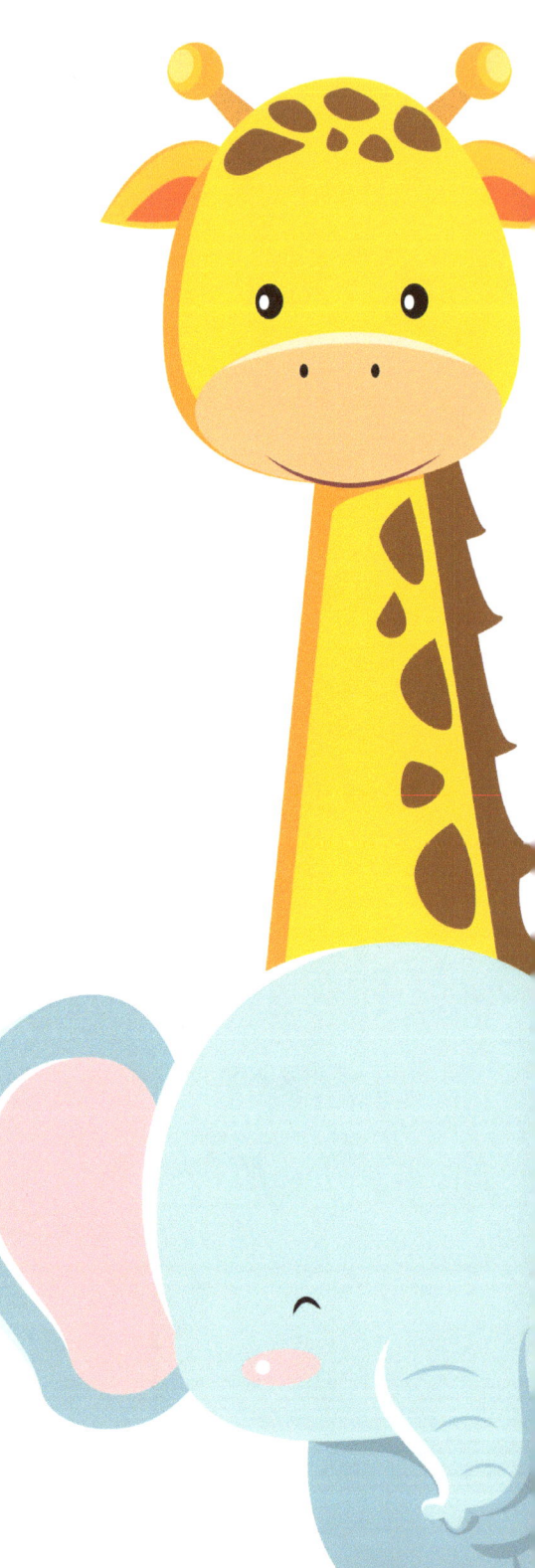